Pedro Calderón de la Barca

La piel
de Gedeón

Barcelona **2024**
Linkgua-ediciones.com

Créditos

Título original: La piel de Gedeón.

© 2024, Red ediciones S.L.

e-mail: info@Linkgua-ediciones.com

Diseño de cubierta: Michel Mallard.

ISBN tapa dura: 978-84-1126-062-6.
ISBN rústica: 978-84-9816-431-2.
ISBN ebook: 978-84-9953-245-5.

Sumario

Créditos _____ 4

Brevísima presentación _____ 7
    La vida _____7

Personajes _____ 8

Acto único _____ 9

Libros a la carta _____ 89

Brevísima presentación

La vida

Pedro Calderón de la Barca (Madrid, 1600-Madrid, 1681). España. Su padre era noble y escribano en el consejo de hacienda del rey. Se educó en el colegio imperial de los jesuitas y más tarde entró en las universidades de Alcalá y Salamanca, aunque no se sabe si llegó a graduarse. Tuvo una juventud turbulenta. Incluso se le acusa de la muerte de algunos de sus enemigos. En 1621 se negó a ser sacerdote, y poco después, en 1623, empezó a escribir y estrenar obras de teatro. Escribió más de ciento veinte, otra docena larga en colaboración y alrededor de setenta autos sacramentales. Sus primeros estrenos fueron en corrales.

Lope de Vega elogió sus obras, pero en 1629 dejaron de ser amigos tras un extraño incidente: un hermano de Calderón fue agredido y, éste al perseguir al atacante, entró en un convento donde vivía como monja la hija de Lope. Nadie sabe qué pasó.

Entre 1635 y 1637, Calderón de la Barca fue nombrado caballero de la Orden de Santiago. Por entonces publicó veinticuatro comedias en dos volúmenes y *La vida es sueño* (1636), su obra más célebre. En la década siguiente vivió en Cataluña y, entre 1640 y 1642, combatió con las tropas castellanas. Sin embargo, su salud se quebrantó y abandonó la vida militar. Entre 1647 y 1649 la muerte de la reina y después la del príncipe heredero provocaron el cierre de los teatros, por lo que Calderón tuvo que limitarse a escribir autos sacramentales.

Calderón murió mientras trabajaba en una comedia dedicada a la reina María Luisa, mujer de Carlos II el Hechizado. Su hermano José, hombre pendenciero, fue uno de sus editores más fieles.

Personajes

Gedeón
Idolatría
Joás, viejo
Madián
Un Ángel
Amalec
Fará
La Mies
Cuatro soldados
El Monte
La Aurora
El Prado

Acto único

(Suenan en un carro cajas y trompetas y en otro instrumentos de música, y dicen a una parte Madián y a otra Amalec sus versos representados, a tiempo que la tropa responde con los suyos cantando.)

Madián	¡Muera esta infame canalla ingrata a su Dios, y injusta!	
Música	¡Misericordia, Señor!, de ella con nosotros usa.	
Amalec	¡Mueran estos viles!	
Todos	¡Mueran!	5
Música	¡Vivan las clemencias tuyas!	
Todos	¡Arma, arma!	
Música	¡Piedad, piedad!	
Madián	Y sin valerles la fuga...	
Música	Y sin faltarnos tu amor...	
Todos	...imata, y hiere!	
Música	...ivive, y triunfa!	10
Todos	¡Arma, arma!	
Música	¡Piedad, piedad!	

9

Los dos	¡Mata, y hiere!

Música	¡Vive, y triunfa!

(A esta última repetición, sale un Ángel trayendo como arrastrando a la Idolatría, vestida de mujer, con alguna alusión de demonio en el manto o tocado, con banda, espada, bengala y plumas.)

Ángel	¡Sal de este pueblo!

Idolatría   ¿Por qué
              desalojarme procuras
              de lo que es posesión mía?   15

Ángel   Porque no es posesión tuya
              el pueblo de Dios.

Idolatría   Si sabes,
              cuando cláusulas escuchas,
              allí de marciales ecos,
              aquí de voces confusas,   20
              que es la causa por haber
              idolatrado, su culpa,
              pues hoy de los madianitas
              sacrílegos ritos usa,
              tanto que a Baal ofrece,   25
              en esa aspereza inculta,
              víctimas que el aire abrasan,
              inciensos que el Sol ahúman,
              por cuyo delito, Dios
              los castiga, pues desnuda,   30
              en Madián y Amalec
              el estoque de su furia,
              obligándolos a que

dejen el poblado y huyan
a aquestas montañas, donde,   35
temiendo las iras suyas,
fieras racionales viven
las entrañas de las grutas
¿cómo puede no ser mía
la posesión absoluta,   40
siendo yo (que no lo ignoras),
aquella deidad impura
de la Idolatría, que siendo
alma de Luzbel segunda,
inspira en el bronce estatuas,   45
que con mi aliento articulan
los oráculos, que dan
respuestas a sus preguntas?
Pues, si es castigo de Dios,
¿cómo tú, cómo repugnas   50
su ejecución? Deja, deja,
que el aire su voz confunda.

Madián   ¡Muera esta infame canalla,
                ingrata a su Dios, y injusta!

Ángel   Como ya de ese error, muchos,   55
                reducidos a la justa
                voz de un profeta, pretenden
                que con sus piedades sumas
                los perdone, siempre que
                el pueblo a su Dios acuda,   60
                que responderá benigno,
                compadecido a su angustia;
                y así, si marciales ecos
                la esfera allí el aire turban,
                aquí míseros gemidos   65

también al cielo pronuncian.

Música   ¡Misericordia, Señor!,
                de ella con nosotros usa.

Idolatría   ¿Hasta cuándo la paciencia
                de Dios, a prueba de injurias,   70
                ha de sufrir este pueblo?;
                ¿cuándo ha de acabarla?

Ángel   Nunca,
                porque como Dios le tiene
                dada la palabra suya
                de que en él ha de tomar   75
                humana carne en tan pura
                madre que no ha de tocarla
                ni aun la sombra de tu culpa,
                de cuya encarnación, cuyo
                parto virginal y cuya   80
                muerte ha de seguirse aquel
                sacramento que en figuras
                y sombras vio tantas veces,
                es fuerza que se la cumpla.
                Y así...

Idolatría   No prosigas, calla,   85
                calla, que esa voz me turba
                tanto al oírla, que ciega
                la vista, la lengua muda,
                torpe el labio, helado el pecho,
                me estremecen y me angustian   90
                de suerte que, dentro de él,
                el corazón en menudas
                partes quebrado, parece

12

	que más se arranca que pulsa.	
	Vuelvan, porque no lo oiga	95
	Amalec, las voces tuyas.	

Amalec   ¡Mueran estos viles!

Todos   ¡Mueran!

Ángel   Cuando esta voz interrumpa
          la mía, estotra la alienta.

Música   ¡Vivan las clemencias tuyas!   100

Todos   ¡Arma, arma!

Música   ¡Piedad, piedad!

Idolatría Si unos con otros se ofuscan
          aparatos y lamentos,
          de otra manera te arguya:
          ¿qué figuras, ni qué sombras   105
          son estas, de quien tú juzgas
          inferirse tan extraña
          encarnación, que la duda
          mi saber, con la substancia
          tan capaz como la tuya,   110
          pues que no perdí la ciencia,
          con la gracia y la hermosura?
          ¿Qué figuras son, qué sombras,
          digo otra vez, las que anuncian
          ese grande sacramento,   115
          que tanto me asombra?

Ángel   Muchas;

y aunque pudiera acordarte
aquella escala que junta
el cielo y la tierra, donde
ángeles bajen y suban,   120
aquel blanco, aquel hermoso
rocío, que en blanda lluvia,
el llanto del alba cuaja
y el rayo del Sol enjuga,
que son las dos a quien más   125
ambos misterios se ajustan,
hoy, por darte mayor pena,
no ha de valerse mi industria
de las que ya acontecidas
parece que no te asustan,   130
porque se les pierde el miedo
a penas que se acostumbran,
sino, para más asombro,
he de valerme de algunas
que aún no acontecidas, hagan   135
novedad a tus angustias.
¿Qué ves por esa campaña?

Idolatría   Montes que al cielo se encumbran,
siendo, de ese azul alcázar,
sus cimas verdes columnas,   140
en quien la fábrica estriba
del palacio de la Luna.

Ángel   ¿Y qué ves sobre esos montes?

Idolatría   Tupidas nubes, que oscuras,
como preñadas, parece   145
que las agobian las puntas,
siendo a sus altas cervices

enmarañadas coyundas.

Ángel   ¿Qué ves en su falda?

Idolatría   Allí
van los corderos que usurpan   150
su adorno al prado paciendo
la verde esmeralda bruta,
cuyo salpicado aljófar,
si cuando el alba madruga
pareció que le bebían   155
parece ahora que le sudan.

Ángel   ¿Y allí?

Idolatría   Sazonadas mieses,
cuyas espigas fecundas,
los fatigados hebreos
para su sustento buscan   160
con tal miedo del contrario
que, siendo las parvas suyas,
aun cuando las benefician
les parece que las hurtan.

Ángel   Pues esas nubes, pues esos   165
montes, que su esfera ocupan,
esos corderos y mieses,
no contienen parte alguna,
que ya en su vaga impresión,
ya en su fábrica robusta,   170
ya en sus cándidos vellones,
y ya en sus espigas rubias,
de esa encarnación y de ese
sacramento en sí no incluya

algún rasgo o algún viso,   175
siendo, a pesar de tus dudas,
este horizonte teatro
en quien hacerse procuran
hoy dos representaciones
a las edades futuras,   180
de sombras en la primera,
y luces en la segunda.

Idolatría   Primero que llegue a ver
los misterios que me anuncias,
cuando de muertas estatuas   185
mi espíritu destituyas,
me pasaré a estatuas vivas,
haciéndoles que se infunda
en Madián y Amalec
mi horror, mi rabia y mi furia,   190
porque de una vez acaben,
porque de una vez destruyan,
ese forajido pueblo,
siendo el que teatro juzgas
de maravillas, teatro   195
de infames ruinas caducas,
tanto que al mirarle el Sol,
se ponga en cuestión, en duda,
si se ha errado su carrera,
hallando que hoy mares sulca   200
las que ayer dejó campañas,
pues agonizando mustia,
su verde faz, del Bermejo
mar será sombra purpúrea.

Ángel   Cuando al mar Bermejo imite   205
el verdor que se divulga,

16

no le faltará caudillo
que con celestial ayuda,
amontonando las ondas,
le penetre a planta enjuta.   210

Idolatría   ¿Qué caudillo?, si no hay
                     persona en el pueblo alguna
                     que ame a su Dios.

(Dentro Fará [villano rústico].)

Fará   Gedeón,
                     los segados haces junta,
                     que se acerca el enemigo;   215
                     no aquí nos coja su furia.

Ángel   Por mí parece que el viento
                     ha satisfecho la duda.

Idolatría   Poco fáciles acasos
                     me sobresaltan y turban.   220
                     ¿Qué caudillo, a decir vuelvo,
                     habrá, si aunque lloren muchas
                     personas su error, son más
                     las que idólatras procuran
                     darme adoraciones?

(Dentro Gedeón.)

Gedeón   Yo,   225
                     a pesar de sus injurias,
                     he de dejar esta fértil
                     parva tan limpia y tan pura,
                     que no lleve el menor grano,

	neguilla o cizaña alguna.	230
Idolatría	¡Ay de mí! No ya porque	
	su equívoco me atribula,	
	cuanto porque en aquel trigo	
	que limpia el que le pronuncia,	
	no sé qué luz miro, cuando	235
	que le ha de coger presuma,	
	sin neguilla que le vicie	
	ni cizaña que le pudra.	
	Pero ¿qué me aflige?, ¿qué?	
	si primero que él lo cumpla,	240
	acabaré yo con todos,	
	haciendo que se introduzga	
	mi espíritu en Madián,	
	como en Amalec mi furia.	
	¡Arma, arma!	
Todos	¡Arma, arma!	245
Ángel	¡Piedad, piedad!	
Música	¡Piedad, piedad!	
Idolatría	¡Vuestro poder los destruya!	
Los dos	¡Nuestro poder los destruya!	
Ángel	¡Tu poder, Señor, los salve!	
Música	¡Tu poder Señor, nos salve!	250

(La caja, y las voces repiten, y ellos representan.)

Idolatría	¡Y sin valerles la fuga...
Los dos	¡Y sin valerles la fuga...
Ángel	...¡y sin faltarles tu amor!...
Música	...¡y sin faltarnos tu amor!...
Los unos	...¡mata y hiere!...
Los otros	...¡vive y triunfa!... 255
Unos	...¡arma, arma!...
Otros	...¡piedad, piedad!...
Los unos	...¡mata y hiere!...
Los otros	...¡vive y triunfa!...

(Vanse los dos. Sale Gedeón vestido de labrador, con un bieldo en la mano y algunas espigas [de trigo], como asustado, y [tras él] Fará.)

Gedeón   Vive y triunfa, vive y triunfa,
que claro es que ha de vivir,
y triunfar siempre el que nunca   260
verá en los siglos mudanza,
y buenos y malos juzga.

Fará   ¿Dónde vas, Señor?

Gedeón   No sé.

Fará   ¿Qué tienes?

Gedeón	No sé.
Fará	¿Qué buscas?
Gedeón	No sé, no sé.
Fará	¿Qué te ha dado? 265
Gedeón	Bárbaro ¿qué me preguntas?,
	si te digo que no sé
	qué helado fuego discurra
	por mis venas, que me lleva
	entre mil luces a oscuras. 270
Fará	¿A oscuras entre mil luces?
	Ya mi calletre barrunta,
	según que por mí ha pasado
	que hebe de tener la culpa
	el nieto de los sarmientos. 275
Gedeón	¿Quién?
Fará	El hijo de las uvas.
Gedeón	¡Calla!, rústico villano,
	que más noble, más oculta
	causa mi discurso mueve
	y mis sentidos perturba. 280
	Entre ese marcial rumor
	y esa métrica dulzura,
	que hace de trompas y voces
	Babilonia la espesura,
	me hallaba aventando el trigo 285

que aquesa heredad tributa
a Joás, mi anciano padre,
para llevarlo a la gruta,
a donde tímido guarda
la corta familia suya,   290
cuando no sé qué vehemente,
qué poderosa, qué aguda
imaginación me obliga
a que imagine, a que arguya,
al limpiar el trigo, en cómo   295
de Dios las piedades sumas,
al bieldo que le levante
y al viento que le sacuda,
hacia allí la arista aparta
y hacia allí los granos junta.   300

Fará   ¿Pues qué fecultad es esa?
Yo, que so una bestia bruta,
sé por qué es eso.

Gedeón   ¿Por qué?

Fará   Porque no comamos juntas
las bestias y las personas;   305
y así hacernos prato gusta
aparte; mi burra y yo
lo digamos, pues a una
mos da, para mí la paja,
y el grano para mi burra;   310
mas, ¿qué tenemos con eso,
para que del afán huyas?

Gedeón   No sé, déjame, Fará,
y vuelve por vida tuya

| | a la labor, mientras yo | 315 |
| | quedo lidiando mis dudas. | |

Fará   No quiero, que si con eso
          de la fatiga te excusas,
          también con mi duda yo
          quiero empezar otra lucha: 320
          ¡salid aquí, dudecillas,
          o pocas seáis, o muchas!

Gedeón   Vete, y déjame, por Dios.

Fará   Yo me iré, si de ello gustas,
          ¿pero sabes qué imagino?   325

Gedeón   ¿Qué?

Fará   Que todas estas murrias
          han de venir a parar...

Gedeón   ¿En qué?

Fará   ...en alguna locura,
          que quien está en juicio siempre,
          quizá no está en juicio nunca.   330

(Vase.)

Gedeón   ¡Válgame Dios! ¿Qué misterio
          hay que en sí este trigo encubra,
          cuando enseña que es su parva
          república en quien se juntan
          buenos y malos, a que   335
          fácil soplo, vara ruda,

lo provechoso y lo inútil
en dos partes destribuyan,
siendo la arista y el grano
una misteriosa junta 340
de réprobos y elegidos,
para quien el pan fluctúa
a los buenos el provecho
y a los malos el angustia?
¿Qué misterio?

(Sale el Ángel.)

Ángel   Gedeón.   345

Gedeón   ¿Quién a esta parte pronuncia
                mi nombre? Pero, ¡ay de mí!,
                ¡que los rayos me deslumbran
                de un nuevo Sol!

Ángel   Gedeón.

Gedeón   A la sombra está de una   350
                encina quien me ha llamado:
                la más hermosa criatura
                es, que ojos humanos vieron.
                ¿A quién, bello garzón, buscas?

Ángel   ¡Sálvete Dios, varón fuerte,   355
                y sea en tu amor y ayuda!

Gedeón   Bien será, extranjero joven,
                menester que él nos acuda
                a mí y a mi pueblo, en tanta
                calamidad, bien que injusta.   360

23

Ángel	¿Cómo?

Gedeón	Como perseguidos	
	de la cólera sañuda	
	de los madianitas, todos	
	puestos en tímida fuga,	
	sin domicilio, ni casa,	365
	vivimos las espeluncas	
	de estas montañas, a donde	
	son sus quiebras y roturas,	
	hoy de cadáveres vivos	
	voluntarias sepulturas.	370

Ángel	¿Por qué tú, pues, que tu nombre	
	cuando a hebreo le traduzgas,	
	quiere decir varón fuerte,	
	de su sentido no usas,	
	y en nombre de Dios y el pueblo,	375
	tomando su voz, empuñas	
	la vara de su justicia,	
	y el blanco acero desnudas	
	contra el idólatra fiero	
	que vuestras quietudes turba?	380

Gedeón	Porque a mí, aunque de Jacob	
	gloriosa sangre me ilustra,	
	soy de sus menores tribus	
	y menor por mi fortuna	
	en la casa de mi padre,	385
	y competir no es cordura	
	el tribu de Manasés	
	dignidades al de Juda.	

Ángel	No importa, que el Señor quiere	
	que las maravillas suyas,	390
	con los flacos instrumentos,	
	más campeen y más luzgan.	
	Juez del pueblo de Israel	
	has de ser; el puesto ocupa,	
	y ponle en su libertad,	395
	haciendo que restituya	
	a su Dios todas las aras	
	que sacrílego le usurpa	
	el ídolo de Baal.	
	No temas, que Él en tu ayuda	400
	será en tu mayor peligro,	
	como tú el precepto cumplas.	
Gedeón	Permíteme, hermoso joven,	
	que dude el bien que me anuncias,	
	que la duda no es de Dios,	405
	de mi mérito es la duda.	
Ángel	¿No basta que yo lo diga?	
Gedeón	En un pobre las venturas	
	son familia mal mandada	
	que todo lo dificulta.	410
	Dame una señal de que	
	tu revelación es suya.	
Ángel	¿Señal pides? ¿Qué señal	
	quieres?	
Gedeón	Si no te disgustas,	
	la señal ha de ser... pero,	415
	mejor lo dirá una industria.	

Espérame aquí.

Ángel   Sí haré.

(Vase, y sale Idolatría.)

Idolatría   ¡Qué mal descansa una injuria!
                     A la vista de este noble
                     espíritu que criatura   420
                     humana se representa
                     al que por caudillo jura
                     de Israel, trayendo ya
                     decretada la consulta,
                     he de andar, pues hasta ahora   425
                     no me obligan a que huya,
                     supuesto que de Baal
                     aún los simulacros duran.
(Mira adentro.)   Mas ¡ay de mí!, ¡ay de mí, cielos!
                     ¡que tienen mis desventuras,   430
                     como todas las desdichas,
                     hallarse cuando se buscan.
                     Para la señal que pide,
                     en un canastillo junta
                     a la carne de un pequeño   435
                     recental que al fuego apura,
                     pan, y no pan fermentado,
                     sino el que sin levadura,
                     ácimo llama el hebreo.
                     ¡Oh, alcancen mis conjeturas,   440
                     qué querrán decir especies
                     hoy de pan y carne juntas!

(Sale Gedeón con un canastillo con panes y una olla [o barro].)

Gedeón   Ya está el sacrificio aquí,
                pero no la llama pura
                que abrase esta leña.

Ángel   Si esa   445
                la seña ha de ser produzgan
                al eslabón de esta vara
                fuego aquestas piedras duras

(Da el Ángel con la vara y sale fuego.)

                y den las nubes sus rayos
                que la abrasen y consuman,   450
                para que veas que Dios
                en ti su misterio funda,
                eligiéndote ministro
                de sus sombras y figuras.

(Desaparece el Ángel y el Sacrificio.)

Gedeón   Ángel de Dios eres; ya   455
                lo creo, mi dicha es mucha,
                pues vi al Ángel del Señor
                faz a faz,

Idolatría   ...Crezcan mis dudas...

Gedeón   ...a cuya causa...

Idolatría   ...¡qué ansia!,...

Gedeón   ...aqueste lugar...

Idolatría   ...¡qué injuria!...   460

27

Gedeón   ...ha de llamarse...

Idolatría   ...¡qué agravio!,...

Gedeón   ...la Paz del Señor.

Idolatría   ...¡qué angustia!,...

Gedeón   Pueblo de Israel,...

Idolatría   ...¡qué rabia!,...

Gedeón   ...ya el Señor vuelve...

Idolatría   ...¡qué furia!,...

Gedeón   ...por tu causa...

Idolatría   ...¡qué veneno!,...   465

Gedeón   ...y hoy daré...

Idolatría   ...¡qué desventura!,...

Gedeón   ...feliz principio...

Idolatría   ...¡qué ira!,...

Gedeón   ...a la dignidad augusta,...

Idolatría   ...¡qué agonía!,...

Gedeón   ...derribando...

Idolatría	...¡qué dolor!...	
Gedeón	...las esculturas...	470
	de Baal,...	
Idolatría	...¡qué sentimiento!,...	
Gedeón	...porque veas...	
Idolatría	...¡suerte injusta,...	
Gedeón	...que obligado...	
Idolatría	...¡fiero hado!,...	
Gedeón	...de tu llanto...	
Idolatría	...¡pena dura!	
Gedeón	quiere que ministro sea	475
	de sus sombras y figuras.	

(Vase.)

Idolatría	¡Ay infeliz! ¡Quién pudiera,	
	cuando en ti sus glorias funda,	
	no esperar a la segunda,	
	pues me basta la primera!;	480
	que misterio el monte era,	
	nube, prado y mies, no niego,	
	si en sacrificio a ver llego	
	que dan, cuando al cielo sube,	
	prado y mies y monte y nube,	485

carne y pan y leña y fuego.
¿Qué querrá significar
dar la nube el rayo y ver
del monte la leña arder,
del prado la carne ahumar, 490
de mies el pan abrasar?
Y todo esto junto seña
ser y seña no pequeña
de que es sacro este horizonte
en mies, prado, nube y monte, 495
de pan, carne, fuego y leña.
De blanco cordero Abel,
ya hizo sacrificio al cielo,
y ya de pan le hizo el celo
de Melquisedec, tras él; 500
de fuego le hizo Elías fiel,
de leña Isaac y Abraham,
pero no aqueste a quien dan
con más logrado interés
monte, nube, prado y mies, 505
leña, fuego, carne y pan,
y más, si a esta conjetura,
otra mi vista termina,
que es que criatura divina
parezca humana criatura, 510
a quien elegir procura
Dios por su caudillo, ¡oh ciego
pasmo!, en que a perderme llego,
sin saber por qué hayan dado,
nube, monte, mies y prado, 515
leña y pan y...

(Dentro.)   ¡Fuego, fuego!

Idolatría   ¿Qué nuevo asombro con tal

30

rumor de aliento me priva?

Todos (Dentro.)   Fuego abrase a quien derriba
los ídolos de Baal.   520

(Mucho ruido dentro y al oírlo cae como tropezando Idolatría.)

Idolatría   ¿Qué parasismo mortal,
qué letargo o frenesí
aquella voz, iay de mí!,
ha introducido en mi pecho,
que me ha postrado y deshecho   525
desde el punto que la oí?
Pero, iqué mucho, si está
mi estatua allí destruida,
siendo el cuerpo de mi vida,
que lo sienta el alma acá!   530
Fuerza el ausentarme es ya
de ti, ioh pueblo desleal!,
pues mi espíritu inmortal
no tiene cuerpo en que viva.

(Dentro.)

Todos   Fuego abrase a quien derriba   535

Y la Idolatría   los Ídolos de Baal.

(Salen [cuatro vestidos] de labradores, con bieldos y otras armas, tras Gedeón, y él defendiéndose, y en medio Joás, viejo venerable, y Fará huyendo.)

Joás   iDeteneos!

Labrador I   iDadle muerte,

a quien bárbaro profana
nuestro nuevo Dios!

Gedeón   Tirana
gente, que lo es solo, advierte,   540
el Dios poderoso y fuerte
de Israel, y no otro, no.

Fará   Pues fui de diez que llevó
para una acción tan cruel,
mientras le cascan a él   545
bien será escaparme yo.

Gedeón   Seguro estás, no has de huir.

Fará   ¿No? Pues lo que hago verás.

Todos   ¡Muera!

Joás   ¡Deteneos!

Labrador II   Joás,
no tienes qué nos decir,   550
que tu hijo ha de morir
por tan sacrílega acción.

Todos   ¡Muera!

Fará   ¡Muera Gedeón!

(Pónese al lado de los otros.)

Gedeón   Pues ya que por mi Dios muero,
oíd una razón primero.   555

Fará	Aquí no ha de haber razón.
Gedeón	Un Dios o no Dios ha sido el ídolo derribado: si no es Dios, ¿qué os he quitado? si es Dios, ¿a quién he ofendido? 560
Todos	A él.
Gedeón	Pues ¿para qué, atrevido, si él es Dios, contra los dos, pueblo, su defensa vos tomáis sañudo y cruel? Si él es Dios, dejadle a él, 565 que él se vengará si es Dios. Y para que mi castigo se suspenda de una vez, que soy Israel, tu Juez, de parte de Dios te digo 570

(Retíranse todos tímidos y con reverencia.)

> del idólatra enemigo
> ha de librarte mi acero;
> de el que es Dios favor espero,
> destruyendo al que no es Dios.
> Ahora matad a los dos. 575

Labrador II	¿Cómo he de matar, si muero tanto a aquesa voz postrado, con que me asombras y espantas, que más parezco a tus plantas la estatua que has derribado? 580

Labrador III	Tanto el afecto has trocado de todos, con esta acción...
Labrador IV	...que todos aclamación han de darte...
Labrador I	...y de manera, que por decir Gedeón muera 585 digan viva Gedeón.
Todos	¡Viva Gedeón!
Fará	¡Viva Gedeón!

(Vuélvese al lado de Gedeón.)

Gedeón	No en vano, cuando de atroces a piadosos pasáis, digo que cajas del enemigo, 590

(Suenan cajas y trompetas.)

rompen los vientos veloces.
A mí me llaman sus voces,
nobles tribus de Israel;
¡seguidme!, que contra él,
no acaso, virtud divina,   595
a la sombra de una encina
me coronó de laurel;
su señal vi y aunque agora
la reconozco por tal,
ha de darme otra señal   600
el rocío del aurora.

Joás	Nadie que es de Dios ignora tan misteriosa elección.

(Cajas.)

Fará	Ya se acerca el escuadrón, del Jordán a la ribera; ¡muera el idólatra!	605
Todos	¡Muera, y viva...	
Joás	¿Quién?	
Todos	...¡Gedeón!	
Gedeón	Eso no, el Dios de Israel habéis de decir que viva, y cuando ese honor reciba yo, por ser caudillo en él, no Gedeón, pueblo fiel, di, sino Geroboal, que es destruidor de Baal.	610
Todos	¡Geroboal viva!	
Gedeón	¡Oh cielo!, no te ofendas si mi celo te pidiere otra señal.	615

(Éntrase con majestad y los otros con rendimiento; tocan cajas y trompetas y salen de un carro Madián y de otro Amalec representando aparte, mirando adentro.)

Amalec	A los dulces compases de la trompa,
	de Jezrael mi gente el campo rompa.
Madián	La vuelta del Jordán mi gente marche, 620
	a las templadas cláusulas del parche...
Amalec	...y sus hermosas márgenes amenas,
	en granates conviertan las arenas...
Madián	...y rápido el raudal de sus cristales,
	sus espejos guarnezcan de corales... 625
Amalec	...bebiendo, en vez de aljófares, horrores
	el asustado vulgo de sus flores...
Madián	...hallando, en vez de fugitiva plata,
	lunas el Sol de líquida escarlata...
Amalec	...itanta la derramada sangre sea, 630
	de esta injusta cruel canalla hebrea!...
Madián	...itanta sea la sangre derramada,
	de esta ingrata nación prevaricada!...
Amalec	...que de la primavera los pinceles,
	ignoren que hay más flores que claveles... 635
Madián	...que del agua las crespas olas sumas,
	no se acuerden jamás de que hubo espumas...
Amalec	...que del aire los cóncavos serenos,
	duden que haya más música que truenos,...

Madián	...que no sepan del fuego los desmayos,	640
	que hay más luz que relámpagos y rayos,...	

Amalec	...siendo la tierra horror,

Madián	...el mar portento,

Amalec	...iras el fuego,...

Madián	...escándalos el viento,...

Amalec	...falleciendo, a la vista del estrago,	
	aun antes que del golpe del amago...	645

Madián	...construyendo, en la orilla cristalina,
	primero que la fábrica la ruina...

Amalec	...cuando abrasado yo,...

Madián	...cuando yo ciego,...

Amalec	...les intimo la guerra a sangre y fuego.

Madián	...les notifico el último reposo.	650
(Vense ahora.)	Amalec valeroso,	
	cuya sagrada frente,	
	los rayos coronaron del Oriente.	

Amalec	Invicto Madián, cuya infinita	
	gloria dio fama al reino madianita	655

Madián	Tú, cuyo nombre en frase hebrea construye,
	ser pueblo que castiga y que destruye...

| Amalec | Tú, cuyo nombre el mismo idioma diga, |
| | ser juicio que pelea o que litiga... |

| Madián | ...que es decir que en ti viene su castigo... | 660 |

| Amalec | ...que es decir que su juicio está contigo... |

| Madián | ...dame, dame los brazos, |
| | que de eterna amistad han de ser lazos. |

| Amalec | Y vida y alma en ellos, |
| | por eslabón que engace nuestros cuellos. | 665 |

| Madián | ¿Cómo viene la gente? |

Amalec	Sufriendo mal del Sol la llama ardiente;
	si bien la lisonjea la esperanza
	de que ha de ver lograda su venganza
	quitando de una vez a estos hebreos	670
	la posesión que de los amorreos
	tiranizaron cuando peregrinos
	por desiertos caminos,
	con el nombre de Tierra Prometida,
	en esta tierra hallaron acogida.	675

Madián	Esos mismos trofeos,
	alimenta el calor de mis deseos;
	para esto te he pedido
	el favor auxiliar con el partido
	de que después gocemos	680
	la tierra entre los dos que conquistemos...

| Amalec | Claro está que esa ha sido |
| | la capitulación con que he venido... |

(Aparte.)	mas, si bien lo supieras...
	de otra suerte mis armas admitieras. 685
Madián (Aparte.)	...si bien lo imaginaras,
	de otra suerte ayudarme procuraras.
Amalec	...pues apenas habré vencido... pero,
	ni aun a mí revelar mi intento quiero.
Madián	...pues apenas habré... pero ¿qué digo? 690
	que aquesto no he de hablarlo yo conmigo.
[Alto.]	¿Cómo la marcha ha sido?
Amalec	De esta suerte.
	Yo...
Idolatría (Dentro.)	¡Amalec! ¡Madián!
Amalec	¡Escucha!
Madián	¡Advierte!
Amalec	¿Qué lejana lisonja del oído,
	es nuestro nombre, al viento repetido? 695
Madián	A mí más me parece que lejana
	lisonja suya, lástima cercana,
	según tímida asombra,
	la voz que por su esfera se derrama.
Idolatría [Dentro.]	¡Madián!
Madián	¿Quién me llama? 700

Idolatría [Dentro.]   ¡Amalec!

Amalec   ¿Quién me nombra?

(Sale la Idolatría, de dama ricamente vestida.)

Idolatría   Quien de su cuerpo apenas trae la sombra,
                   y triste, miserable y afligida,
                   sin ser, sin alma, sin aliento y vida,
                   mortal, confusa, absorta, helada y ciega,   705
                   de vuestros pies a los sagrados llega
                   por favor, por reparo,
                   por piedad, por auxilio y por amparo,
                   pues sola esta esperanza,
                   de que en los dos estriba mi venganza,   710
                   por reliquia quedó de mi ventura.

Amalec   ¡Qué celestial belleza!

Madián   ¡Qué hermosura!

Amalec   Alza, prodigio bello,
                   (¡qué segura prisión es un cabello!)

Madián   Alza, divino encanto,   715
                   (¡qué natural afecto ha sido el llanto).

Amalec   Y di a los dos, ¿quién eres?,

Madián   ¿qué pretendes?,

Amalec   ¿qué quieres?,

Los dos   que ya son de los dos, propios tus daños.

40

Idolatría [Aparte.]	¡Oh! ¡Válgame el disfraz de mis engaños! 720
[Alto.]	Yo soy una infelice madianita,
	con mezcla de la sangre amalequita,
	(tanto a los dos alcanza
	el pretexto, ¡ay de mí!, de mi venganza):
	en mi edad fui primera 725
	de Baal pitonisa, y de manera
	poseía mi espíritu su pecho
	para sus vaticinios, que sospecho
	(si es verdad que lo amado se transforma
	en lo que ama) que amó y amé de forma 730
	que fueron en la unión de tanto abismo,
	su espíritu y mi espíritu uno mismo.
	La cercanía de ese advenedizo
	pueblo alianza con nosotros hizo
	de suerte que mezclándose infinitos 735
	con nuestras ceremonias, nuestros ritos,
	altares a Baal labraron bellos,
	con que a vivir pude pasar con ellos.
	Hoy, pues, como se miran perseguidos
	de vuestras armas, tristes y afligidos, 740
	de su Dios, ¡ay de mí!, se han acordado,
	cierta señal de hallarse en mal estado,
	pues ingrato se llama,
	quien sin necesidad a Dios no clama.
	Un caudillo valiente, 745
	de Gedeón el nombre lo publica,
	pues quien fuerzas quebranta significa,
	a su Dios obediente,
	Juez de Israel se llama,
	y para dar principio a tanta fama 750
	como ganar espera,
	su hazaña fue primera

                    haber las aras de Baal postrado,
                    sus ídolos y estatuas derribado,
                    conque es fuerza que, huyendo,   755
                    a vosotros me vuelva, pretendiendo,
                    cuando mi pena mira
                    cuánto mi Dios y vuestro Dios se agravia,
(Tiemblan los dos.) tocaros del veneno de mi rabia,
                    del tósigo inflamaros de mi ira,   760
                    y pues el Dios que inspira
                    alientos que el valor vuestro confiesa
                    ultrajado se halla
                    a manos...

Madián   No prosigas, ¡calla, calla!...

Idolatría   ...de un traidor...

Amalec   No prosigas, ¡cesa, cesa!...   765

Idolatría [Aparte.] Ya ardió, dispuesta estaba la pavesa.

Madián   ...que no sé qué veneno por mi oído,
                   áspid tu voz el aire ha introducido...

Amalec   ...que no sé qué furor de tus enojos,
                   basilisco es del viento por los ojos...   770

Madián   ...que envuelto en ira...

Amalec   ...en cólera deshecho...

Madián   ...Etna es el corazón...

Amalec   ...volcán el pecho.

Madián	Y pues ya va la noche oscura y fría, a parasismos desahuciando el día, hagamos alto aquí y el orden demos, 775 con que al primer albor del alba ufana, las tropas arrojemos a los esguazos del Jordán mañana.
Amalec	Apenas de carmín, de nieve y grana, matizados darán sus arreboles, 780 en un Sol tantos soles cuantos de nuestras armas los reflejos, con bruñidos espejos le repitan a rayos, cuando sienta los últimos desmayos 785 toda esa ingrata tierra, que profana...
(Dentro.)	¡Arma, arma!
Otros	¡Guerra, guerra!
Amalec	¿Qué temerosa voz,...
Madián	¿Qué veloz eco,...
Amalec	...de castigada piel,...
Madián	...de metal hueco...
Amalec	...el viento desvanece? 790
Madián	...de esotra parte del Jordán parece?
Idolatría	Aquesto es que, marchando,

se van los tribus de Israel juntando
a su nuevo caudillo.

Amalec   Porque no haga novedad oíllo   795
en nuestro campo, en esa orilla fría,
recorre tú tu gente y yo la mía.

Madián   Sí haré, bella deidad, aquí te espera,
y de mí fía que matando muera.

Amalec   Aguarda aquí, bella deidad altiva   800
y de mí fía que muriendo viva.

Madián   ¿No te vas?

Amalec   Sí, si tú te vas.

Los dos   ¡Oh cielos,
donde hay furor de más están los celos!

(Vanse.)

Idolatría   Bien mi pretensión logré,
pues en los dos conseguí   805
con iras para matar,
afectos para morir.
¡Mas iay de mí!, que no basta,
que es muy desigual la lid,
cuando en un pecho pelea   810
un deseo contra mil!
Dígalo el de las pasadas
dudas que no percibí,
pues mal segura, aunque ponga
medios que estorben su fin,   815

no sosiego hasta que llegue,
si no a saber, a inquerir,
qué luces consigo traen
aquellos visos; y así,
pues ya desdoblado el ceño   820
de la noche veo esparcir
su negro manto, embozada
de él, valiéndose mi ardid
de sombras contra las sombras,
al campo contrario he de ir,   825
espía perdida (¡cielos!
y bien perdida, ¡ay de mí!,
soy de mí misma). En quietud,
yace todo su país.
Pasar me dejan las postas,   830
señal que este pueblo vil,
bien que de sí me ha dejado
no bien me ha echado de sí,
si ya no es para que vea,
pues no ha menester lucir   835
para mí el Sol, algo que
me esté mal, y será así,
pues no sin algún misterio
de su tienda veo salir
solo a Gedeón trayendo   840
en sus manos un sutil
blanco vellón;

(Sale Gedeón, con recato, trayendo en un azafate un vellón blanco.)

                   de su gente
se aparta; bien desde aquí
veré dónde va.

Gedeón   Señor,
                     no de mi duda y de mí,   845
                     os ofendáis, pues mi duda,
                     mejor que yo percibís,
                     y sabéis que no es de vos.
                     Del menor tribu nací,
                     si no en edad, en poder;   850
                     pues, ¿cómo he de persuadir
                     a mi humildad que merece
                     el cargo a que me elegís,
                     sin muchas señales vuestras?
                     Con esta salva, decid: 855
                     ¿mi duda os ofende?

(Dentro Música.)

Música   No.

Gedeón   ¿Daisme esta licencia?

Música   Sí.

Idolatría   Inspiraciones el cielo
                 le invía.

Gedeón   Pues siendo así,
                     que de vos favorecido   860
                     con auxilios me asistís,
                     este cándido vellón,
                     tan de nieve que temí
                     que al tocarle, entre las manos
                     se había de derretir,   865

(Va subiendo al monte.)

esta pura piel, tan pura,
que no la podrá argüir
de átomo de mancha en ella
el ingenio más sutil,
sobre esta piedra os consagro   870
temeroso hasta inferir
si os ofendo en esto.

Música   No.

Gedeón   ¿Dais os por servido?

Música   Sí.

Gedeón   Pues en esa confianza,
si he de vencer, permitid,   875
que en prendas de la victoria
halle, Señor, al reír
del alba en ella cuajado
sin que se llegue a esparcir
a otra parte su rocío: 880
esta es la señal que aquí
os pido, ¿es injusta?

Música   No.

Gedeón   ¿Concederéismela?

Música   Sí.

Gedeón   Pues queda, ¡oh cándida piel!,
a la esperanza sutil   885
(Bajando.)   de la más hermosa aurora

47

	que a la tierra ha de venir,	
(Yéndose.)	pues ha de venir no más	
	que a fertilizarte a ti	
	para que venzamos todos,	890
	pues su rocío feliz	
	ninguna sino tú sola	
	le merece concebir.	

(Vase.)

Idolatría	«¿Ninguna, sino tú sola	
	le merece concebir?»	895
	¿No ha de alcanzarle otra?	

Música	No.

Idolatría	¿Ella sola ha de ser?

Música	Sí.

Idolatría	Pues porque no llegue a verse	
	experiencia para mí,	
	tan a toda costa, yo	900
	quitaré la piel de allí,	
	ajando su limpia tez.	

(Sale el Ángel.)

Ángel	Eso no, serpiente vil,	
	que será culpa, y la Culpa	
	no puede llegar aquí.	905

Idolatría	¿Aquí la Culpa no puede
	llegar?

48

Ángel	No, que este jardín	
	es Paraíso que tiene	
	de guarda su querubín.	
Idolatría	¿Jardín es y guarda tiene	910
	piel que es como todas?	
Ángel	Sí;	
	porque aunque ella es como todas	
	ninguna es como ella.	
Idolatría	En fin,	
	yo he de llegar a quitarla.	
Ángel	No llegarás.	
Idolatría	¡Ay de mí!,	915

(Saca la espada el Ángel, ella espantada cae, y él la pone el pie encima.)

	que tropezando en las sombras	
	tu pie beso.	
Ángel	Eso es decir	
	que yo, en fe de guarda suya,	
	te he pisado la cerviz;	
	y para que mejor veas	920
	el misterio que hay aquí,	
	ya que al compás de las aves	
	empieza el alba a reír,	
	vuelve a esas nubes los ojos.	

([Pájaros dentro]. Ábrense las cuatro nubes. En la primera está la Aurora, con manto azul y corona de flores; en la segunda la Mies, con guirnalda de espigas; en la tercera el Monte, con un árbol en la mano; en la cuarta el Prado, con un cordero. Si se pudieren ajustar los vestidos, la Mies ha de tener manto dorado, el Monte pardo, el Prado verde. Adviértese que sola la nube del vellón ha de estar lloviendo unos copos de algodón.)

Idolatría	Ya sus senos miro abrir,	925
	una allí sobre la piel,	
	sobre la mies otra allí,	
	allí sobre el monte otra,	
	y sobre el prado gentil	
	otra allí; pero no miro	930
	que su rocío sutil	
	cuaje en mies o monte o prado,	
	sino solo, ¡ay infeliz!,	
	sobre la cándida piel,	
	pues sobre ella un mar de Ofir	935
	se está desplegando a hojas	
	de aljófar, nieve, y jazmín;	
	ella sola en cuantas vagan	
	la campaña de zafir,	
	llueve el hermoso rocío	940
	de maná, que otra vez vi	
	en el desierto cuajando	
	ciento a ciento y mil a mil,	
	los copos sobre el vellón,	
	sin llegarle a repartir	945
	con mies, ni monte, ni prado.	
Ángel	¿Ves la Aurora en ella?	
Idolatría	Sí,	
	por señas que el azul manto	

tiene al hombro por cenit,
y en su frente una guirnalda   950
obstenta en vario matiz
ser lucero cada rosa
y estrella cada alhelí.

Ángel   Pues oye a la Mies, al Monte,
y al Prado ahora discurrir,   955
interpolando las aves
la salva en que han de decir:

Música   Este, no manchada piel,
es el rocío feliz,
que nadie, sino esta sola   960
le merece concebir.

Mies   Sacro honor de las auroras,
que con labios de rubíes,
cuando para todos ríes
para sola una piel lloras: 965
la Mies soy, y pues mejoras
el fruto, en nadie es más justo
tu albor esparcir augusto,
que en el fértil campo mío.
¡Llueva el cielo su rocío;   970
dennos las nubes al Justo!

Monte   Bella alba, que esplendor tanto
a dar hoy al mundo llegas:
el Monte soy, ¿por qué niegas
a mis árboles tu llanto?   975
Cuanto esperaron y cuanto
temieron ver fruto y flor,
confiaron en tu albor.

	Si en solo un vellón se encierra,	
	¡abra sus senos la tierra,	980
	y produzca al Salvador!	

Prado

Precursora que has llegado,
con tan cándido arrebol,
a dar primicias del Sol,
¿cómo te olvidas del Prado?   985
Muerto pace mi ganado
de sed, sin paz, ni quietud,
si le niegas tu virtud,
dirá con llanto prolijo:
¡danos, Señor, a tu Hijo;   990
envíanos la salud!

Mies

Duélete de estas espigas
que desconsoladas dejas.

Monte

Oye a estas hojas las quejas
con que a gemir las obligas.   995

Prado

Considera las fatigas
que el rebaño ha de sentir.

Los tres

De una piel se ha de decir
a quien tu albor acrisola.

Ellos y Música

Que nadie sino ella sola   1000
le merece concebir.

(Sube el Ángel a lo alto.)

Ángel

¡Salve, Aurora celestial!,
que llena de gracia vi

	cuando está estéril la tierra,	
	sobre una piel esparcir	1005
	solamente su rocío.	

Idolatría   ¿A ella te arrodillas?

Ángel   Sí,
             porque esto es lo que ha de ser.

Aurora   Árido seco confín
             del mundo, que al Alba esperas   1010
             a beber para vivir;
             Mieses, Montes, Prados bellos
             no os quejéis por hoy de mí,
             si hoy con vosotros avara
             no llegare a repartir   1015
             generalmente el rocío
             que en vuestras quejas pedís,
             porque hoy a sola esta piel
             mi albor se ha de reducir;
             así lo manda el Señor,   1020
             su voluntad es: en mí
             cúmplase su voluntad
             solamente se ha de oír.

Los tres   Con esa disculpa ya
             no nos dejas qué sentir.   1025

Ángel   Pues, Aves, Mies, Monte y Prado
             volved todos a decir:

(Mientras se canta representa la Idolatría.)

Música y todos   Este, no manchada piel,

53

es el rocío feliz
que nadie sino esta sola   1030
le merece concebir.

(Ciérranse las nubes quedando el Ángel dentro; tocan cajas y trompetas y
salen los que pudieren marchando y detrás Gedeón con insignias y traje de
general, Joás, y Fará vestido de soldado ridículo.)

Idolatría   ¡Oh! ¿Para qué, cielo santo,
                   estas sombras prevenís?;
                   pues cuando las luces vea
                   no las he de percibir,   1035
                   porque éste es aquel misterio
                   reservado para mí.

Gedeón   Haced alto, porque antes
                   que llegue a ver y advertir
                   qué gente juntó la voz   1040
                   de mi primero clarín
                   ni empiece la marcha; solo
                   a aquel monte he de subir;
                   aquí me esperad y nadie
                   se atreva a pasar de aquí.   1045

Fará   ¿Pues qué tienes en el monte,
                   que ver ni qué descubrir?
                   Si estará como está el prado:
                   ¿no le ves todo morir
                   de sed?, porque el alba hoy,   1050
                   según alegre la vi,
                   sin atreverse a llorar
                   se le va todo en reír.

(Sube al monte.)

Gedeón	Esperadme, que ya vuelvo.	
	Señor, a tu pueblo di	1055
	tus secretos, porque vea,	
	en fe de que fía de mí,	
	sus esperanzas. Temblando	
	piso el último perfil	
	del margen... ¿si está el rocío	1060
	en la piel cuajado?... Sí,	
	que nadie sino ella sola	
	le mereció concebir.	
	¡Albricias!, Israel, ¡albricias!,	
	que ya tu suerte es feliz;	1065
	cierta es tu victoria; el cielo	
	la señal que le pedí	
	me ha concedido: ya veis	
	que está por todo el país	
	seca y árida la tierra;	1070
	pues es que quiere decir,	
	que en su mayor sequedad	
	la lluvia le ha de venir	
	de la gracia en una nube	
	cuyo sagrado viril	1075
	penetra el rayo del Sol	
	sin romperle, a cuyo fin,	
	este blanco vellón leve	
	que al hielo esta noche estuvo,	
	tanta sed de nieve tuvo	1080
	como si él no fuera nieve.	
	Las perlas que el Alba bebe,	
	yo, que he merecido verlas,	
	en nácar he de cogerlas,	

(Exprime el vellón en una concha que sacará del pecho.)

porque tengan a un compás   1085
si aquesto de nieve más
esto más también de perlas.
La concha que al Sol concibe
el llanto del Alba bella,
para que se cuaje en ella,   1090
se abre cuando la recibe;
cuando ya cuajado vive
también después se abre, pues
¿qué será que ésta que ves
conciba y quedarse quiera,   1095
antes y después entera,
intacta antes y después?
Y para más argumento,
aún no ha de quedarse aquí
la experiencia: si es, Señor,   1100
mucho pedir, advertid,
que es desaire del poder
pedir poco, y es decir
que no se atreve a fiar
quien no se atreve a pedir   1105
Otra vez pongo el vellón
donde le hallé; permitid
que la sequedad mañana
se enmiende con esparcir
por todo el orbe el rocío   1110
y solamente no aquí,
porque esta piel una vez
sola le ha de concebir,
mostrando que esa es bastante
a fecundar y lucir   1115
todo lo demás, haciendo
(Baja.)   renacer y revivir

	desde la más alta copa	
	hasta la menor raíz.	
Uno	¿Tú entendiste algo de aquello?	1120
Fará	¿Pues no? Todo lo entendí.	
Otro	¿Qué quiso decir?	
Fará	Mirad:	
	lo que es acá, para mí,	
	lo que dijo sé, mas no	
	sé lo que quiso decir,	1125
	si bien, aunque mentecato,	
	he llegado a descorrir,	
	que vellón que se hace prata	
	quiere a gran precio sobir.	
Gedeón	Empiece la marcha agora.	1130
(La caja.)		
Joás	La gente que viene allí	
	del tribu es de Manasés.	
Gedeón	¿Y ésta?	
Joás	De el de Neptalí;	
	esta es del de Zabulón.	
Gedeón	¿La de Isacar y Leví,	1135
	y Simeón?	
Joás	No han llegado.	

Gedeón	¿Cuántos hay?
Joás	Treinta y dos mil.

Gedeón

Pues no esperemos a más,
que ¿quién ha de resistir
con treinta y dos mil soldados   1140
a Gedeón? Repetid
que empiece la marcha, que antes
que el Sol trascienda al nadir,
de Jezrael la esmeralda
será encendido rubí.   1145
¿Treinta y dos mil? Nuestra es
la victoria; ¡ea!, a impedir
los esguazos del Jordán,
porque ¿quién, quién, sin huir
ha de poder oponerse   1150
a treinta y dos mil y a mí?

(La caja, y yendo marchando, sale el Ángel al paso.)

Ángel

¿Cómo tan desvanecido,
en fe de la gente, di,
piensas vencer sin dar parte
a Dios del triunfo?

Gedeón

            ¡Ay de mí!   1155
desvanecióme el poder.

Fará

A muchos sucede así.

Soldado III

¿Con quién habla Gedeón?

Fará	Como es loco habla entre sí,	
	si bien aquesta locura	1160
	de mandar y de regir	
	el pueblo no ha sido mala.	
	¡Triste y mísero de mí!,	
	que siempre fui loco y nunca	
	loco de provecho fui.	1165
Ángel	¡Manda hacer alto!...	
Gedeón	¡Haced alto!	
Ángel	...que para que atribuir	
	no se pueda la victoria	
	sino a Dios solo y no a ti	
	ni al número que contigo	1170
	llevas, Él te habla por mí	
	y te dice que eches bando	
	que se vuelvan desde aquí	
	los que no se hallaren fuertes	
	y osados para la lid.	1175
Gedeón	Echad un bando de que	
	cuantos se hallaren, oíd,	
	pusilánimes, se vuelvan.	
(Vase Joás.)		
Fará	¿Qué es lo que quiere decir	
	pojilánimo?, que yo,	1180
	si no tengo de mentir,	
	en esta ocasión me holgara	
	el ser ánima pojil.	

Soldado IV	Pusilánimo es medroso,
	cobarde, tímido y vil. 1185
Fará	Yo so pojil según eso;
	Señor, a Dios.
Gedeón	¿Te vas?
Fará	Sí,
	que si ser pojilanimo,
	es lo mismo que decir
	vil y tímido y cobarde, 1190
	el bando me coge a mí
	de medio a medio.
Gedeón	¡Detente!
Fará	O soy o no soy pojil;
	vos, que también tenéis traza
	pojilánima, venid. 1195
Soldado I	Eso no, con Gedeón
	he de quedarme a morir.
Gedeón	Tú no eres, Fará, soldado,
	sino criado, y así
	el bando no habla contigo. 1200
Fará	¡Cómo no ha de hablar con mí-
	go, que yo no le echo porque
	me quite el habla, antes sí
	le echo porque me la dé,
	pues confieso que so un vil, 1205
	un tímido y un cobarde!

Gedeón	Tú, Fará, no te has de ir.

Fará	¡Sí he de ir!; ¡aquí de Dios!,
	¿o soy o no soy pojil?

(La caja y sale Joás alborotado.)

Joás	¿Qué has mandado, Gedeón?	1210
	Mira que vas a morir.	

Gedeón	¿Cómo?

Joás	Apenas se echó el bando
	cuando empezaron a huir
	de las tres partes las dos.

Fará	Sola aquesta vez ser vi	1215
	más los cuerdos que los locos.	

Joás	No te han quedado diez mil
	soldados, a tiempo que
	Madián, fiero adalid,
	del Jordán quebrando pasa	1220
	el cristalino viril,
	con tanto número que
	no le pueden competir
	en multitud y colores
	los ejércitos de abril.	1225
	¡Vuelve a mandar que se vuelvan!

Ángel	¡No hagas tal!

Gedeón	¡Dejadlos ir!,

que aunque el número le pese,
confesará que en la lid
lo noble siempre es lo más,   1230
lo menos siempre es lo ruin.

Ángel   Y tanto, que aun de los diez,
por si ha podido fingir
en algunos la vergüenza
el ánimo varonil,   1235
has de examinar en una
experiencia. Escucha.

(Hablan aparte.)

Fará   ¡En fin!,
¿por ser criado, no so
yo pojilánimo?

Soldado II   Sí,
pero no te alcanza el bando.   1240

Fará   Alcánceme, pese a mí,
que no corro mucho ahora,
que aún no ha llegado el huir.

(Yéndose.)

Ángel   Eso has de hacer.

Gedeón   ¿Los osados
quieres que despida?

Ángel   Sí.   1245

Gedeón	Pues si habían de volverse ¿por qué los mandas venir?
Ángel	Porque ésta ha de ser victoria de la fe, y en ella...
Gedeón	Di.
Ángel	...es una cosa el llamar 1250 y otra cosa el elegir.

(Vase.)

Gedeón	¡Valientes soldados míos!, ya veo cuánto venís fatigados del calor: bebed todos, porque si 1255 pasa el contrario el Jordán y nos retira de aquí, sed tendremos en el monte; este daño prevenid bebiendo todos primero. 1260
Fará	¡Bebamos!; para eso sí que no seré pojil yo; mas, ¿qué hemos de beber? Di, que yo tengo linda sed y haré la razón por mil. 1265
Gedeón	Los cristales del Jordán.
Fará	¿Cómo es eso de los cris-, tales por cuales?

Soldado I   Al agua
                 ven.

Fará   ¡A muy lindo barril
                 de torrente!

Soldado II   ¡A beber vamos!   1270

(Vase.)

Soldado III   Yo no puedo resistir
                 más la sed.

Soldado IV   El pecho al agua,
                 como se suele decir,
                 me he de echar; ¿no vienes?

(Vanse.)

Fará   ¿Yo?
                 Pues ¿qué dijera una vid,   1275
                 que está allí con tanto ojo,
                 jurándomela por sí
                 o por no?

Joás   ¿No vas?

Fará   ¿Yo al agua?;
                 en mi vida la bebí,
                 ni la bebiera en mi vida,   1280
                 sino solamente aquí,
                 que me ha cogido por sed.
                 Madres, las que hijos parís,
                 no paráis en signo acuario.

¡Protesto!, señora vid,   1285
que no me pare perjuicio
(Al llegar, tocan la caja.)   aquesto; mas, ¡ay de mí!,
que está el enemigo enfrente,
y aun dos, el río ahora vi,
que para beber el agua   1290
no es el miedo buen anís.
Sin atreverme a arrojar
tengo de beber así,
en pie y con la mano, que es
dispuesto estar para huir.   1295

(Hace que bebe con la mano.)

Joás   ¿Para qué aquesa experiencia
                haces?

Gedeón   Ahora lo has de oír.
                ¡Valientes soldados míos!,
                ¿bebisteis ya todos?

[Salen los cuatro.]

Todos   Sí.

Fará   Más valiera que no; ¡ay   1300
                tripas mías!

Gedeón   Pues oíd:
                cuantos de pechos bebieron
                con esfuerzo varonil
                sin recato del contrario...

Fará   ¡Cuánto va que va a decir   1305

	se queden para la guerra!	
	Yo con la mano bebí.	
Gedeón	...se vuelvan, que si primero	
	los cobardes despedí,	
	agora a los animosos.	1310
Fará	Luego ¿yo me puedo ir?	
Gedeón	¿Tú?, ¿por qué, si en pie bebiste?	
Fará	Porque en pie o no en pie, bebí	
	agua, ¿qué más valentía?	
	Y si antes, pese a mí,	1315
	siendo gallina quedé	
	con los valientes aquí,	
	agora con los valientes,	
	por ser gallina he de ir;	
	que no he de perder derecha	1320
	y trocada.	
(Dentro.)	¡Al arma!	
Gedeón	¡Oíd!	
Idolatría (Dentro.)	¡Toca a embestir, Madián!,	
(La caja siempre.)		
	¡Amalec, toca a embestir!	
Madián	Hoy, ¡o morir o vencer!	
Amalec	Hoy, ¡o vencer o morir!	1325

Fará	Puesto que a escoger nos dan, escojamos el huir.
(Dentro.)	¡Arma, arma!
Otros	¡Guerra, guerra!
Joás	Ya se ha trabado la lid, y apenas trecientos hombres tienes.

1330

Gedeón	Hartos son. Venid, Dios por nosotros pelea.
Fará	Si Dios pelea por mí ¡poca falta le haré yo!
(Dentro.)	¡Arma!
Los tres	¡Vencer o morir!

1335

Gedeón	¡Vencer o morir, soldados!; mientras que voy a embestir, quédate, divina piel, que yo volveré por ti en venciendo al enemigo.

1340

(Vanse y fíngese dentro la batalla.)

Fará	¿Qué será, que cuando aquí, yo por testigo me quedo de la lid que trabar vi, no sé si yo tengo el miedo

o el miedo me tiene a mí?   1345
¡Por más que acercarme intente
a hacer algo al enemigo,
¡oh alto Dios omnipotente!,
no puedo acabar conmigo
empezar a ser valiente!   1350
Mas, ¿cómo lo he de acabar,
si no lo empiezo a empezar?
¡Oh, cuál anda la lid fiera!

(La caja y sale [la] Idolatría, desnuda la espada.)

Idolatría   ¡Oh cielos! ¡Y quién pudiera
                 hoy o morir o matar!,   1355
                 mas ni morir en tal pena
                 puedo, porque inmortal soy,
                 ni matar de rabia llena,
                 porque como perro estoy
                 atraillado a una cadena   1360
                 que Dios en su mano tiene,
                 y yo más poder no tengo
                 que el que su eslabón previene.
                 ¿Quién va?

Fará   Usté es quien va y viene,
                 porque yo ni voy ni vengo.   1365

Idolatría   ¿Eres israelita...

Fará   ¿Qué
                 quiere su merced que sea?
                 Que yo eso solo seré.

Idolatría   ...o madianita?

Fará	Ara crea, que me madianitaré, 1370 si en eso la sirvo.
Idolatría	Di, ¿qué Dios adoras?
Fará	¿Yo?
Idolatría	Sí.
Fará	Poco aqueso me desvela.
Idolatría	¿Qué adoras?
Fará	Una mozuela que me trae fuera de mí. 1375
Idolatría	¡Oh, quién en tanto desdén pudiera dar muerte fiera a ti y a cuantos se ven de tu vil nación!
Fará	¡Oh quién pudiera, que no pudiera!; 1380 y así entre si puede o no, quiero ver si puedo yo.
Idolatría	¿Qué, cobarde?
Fará	Ello dirá.
Idolatría	Di, ¿qué?

Fará   Dejarla con la
                          aquella que la parió.   1385

[Vase.]

Idolatría   Pavorosa noche fría,
                          no es esta la primer vez
                          que, ciega la Idolatría,
                          pidió que tu negra tez
                          empañe su luz al día.   1390
                          Sal de el campo de Occidente
                          a manchar del Sol la faz,
                          porque tu pavor intente
                          poner treguas, si no paz,
                          entre tanta herida gente.   1395
                          Mira que va de vencida
                          el campo de Madián,
                          y solo estriba mi vida
                          en ver si tus sombras dan
                          tiempo a que su fuga impida   1400
                          y pues que mías las nombras,
                          consuela esta vez siquiera
                          de cuantas veces asombras,
                          porque a otras sombras no muera,
                          sino a manos de tus sombras,   1405
                          puesto que no es la menor
                          de las que me dan temor
                          contra tan grande poder
                          ver los tímidos vencer.
                          Parece que a mi clamor   1410
                          respondes, pues ya las bellas
                          luces del mayor farol,
                          tropezadas de tus huellas,

pedazos han hecho al Sol
y todo se ha vuelto estrellas.   1415
(Tocan a marchar.) A retirar han tocado
ambos campos, y en un punto
todo en silencio ha quedado;
¡qué poco dista un difunto
de un dormido fatigado!   1420
Solo entre ambos campos vela
mi dolor hasta saber,
siendo doble centinela,
qué prodigio piensa hacer
hoy la aurora; vuela, vuela   1425
noche pavorosa y fría,
da prisa a tu negro coche;
¡cuál anda la suerte mía:
si es de día, tras la noche;
si es de noche, tras el día!   1430

(Paséase y sale Gedeón.)

Gedeón   Aunque la victoria vi
tan de mi parte, no fuera
cordura seguirla allí,
que dentro de la ribera
y de noche, bien temí   1435
alguna emboscada, al ver
que Madián su atención
puso en volverse a esconder
y sin segunda intención
no se retira el poder;   1440
y así hasta que el alba venga
con su seña, es necesario
que cuidado el valor tenga
y por mí mismo prevenga

	reconocer al contrario,	1445
	en cuyo término ya	
	con una posta he encontrado;	
	bien recatarme será,	
	no me sienta su cuidado	
	hasta ver si ocasión da	1450
	de prenderla.	

Idolatría   Corre aprisa,
sombra, y aunque me esté mal,
nuevas del alba me avisa.

(Dentro Madián y Amalec.)

Madián   ¡Pitonisa de Baal!

Amalec   ¡Bellísima Pitonisa!   1455

Gedeón   Voces oigo.

Idolatría   En nuevo asombro
mi ciego espíritu inflamo.

Los dos   ¡Pitonisa!

Idolatría   Yo me asombro,
¿quién me llama?

Madián   Yo te llamo.

(Sale.)

Idolatría   ¿Quién me nombra?

Amalec	Yo te nombro.	1460

(Sale.)

Idolatría	¿Madián? ¿Amalec?
Los dos	Sí.
Idolatría	¿Qué es esto?
Gedeón	Desde aquí oiré.
Madián	Vencido...
Idolatría	Ya lo sentí.
Amalec	Retirado...
Idolatría	Ya lo sé.
Madián	...a ese bosque...

Idolatría	Ya lo vi.	1465

Amalec	...me entré...
Madián	...y como siempre ha sido el sueño...
Amalec	...pensión del hado...
Idolatría	también sé que habéis dormido.

73

Madián	Pues oye lo que he soñado,
Amalec	Oye el sueño que he tenido,

1470

Madián	...porque, como sabia, quiero que le interpretes.
Amalec	...porque de ti su sentido espero.
Gedeón	Lo que soñaron oiré.
Madián	¡Mortal vivo!
Amalec	¡Infeliz muero!

1475

Madián	Ese prestado homicida, que con nombre de reposo no hay sentido que no impida, ladrón de la media vida, me ocupaba pavoroso...

1480

Amalec	Esa halagüeña crueldad, que con nombre de piedad nos posee en dulce calma, siendo argumento del alma para su inmortalidad...

1485

Madián	...cuando vi en el cielo un pan que más que el Sol relucía.
Amalec	Y yo también, Madián, por más señas que tenía, donde sus reflejos dan,

1490

	una espada, que pendiente
	como a las espaldas de él
	amenazaba mi frente.

Madián	Esa misma es la cruel
	visión que mi pecho siente.	1495

| Idolatría | ¿Pan y espada, Amalec? |

| Amalec | Sí. |

| Idolatría | ¿Espada y pan, Madián? |

(Aparte.)	¡Ay, Gedeón!, bien temí
	que para ti será el pan
	y la espada para mí,	1500
	pues verle resplandecer,
	y que en rigor se convierte,
	que es bien claro da a entender
	pan de vida y pan de muerte
	que ha de ayudarte a vencer.	1505

Gedeón	La gente que retirada,
	con las luces encubiertas
	quedó, avanzará emboscada,
	pues son en dichas tan ciertas
	mío el pan, suya la espada.	1510

| (Vase.) | |

| Madián | ¿Qué juzgas de aqueste sueño? |

| Amalec | ¿Qué sientes de esta visión? |

Idolatría	Si no soy en tanto empeño
	dueño yo de mi pasión,
	¿seré de la vuestra dueño? 1515
	No sé, ¡ay de mí!, solo sé
	que ley que es en voz hebrea,
	dice espada y pan, mas qué
	signifique ni qué sea,
	eso lo dirá la Fe 1520
	pero no la Idolatría.
Madián	Pues, ¿cómo el dios de Baal
	de ti su espíritu fía?
Idolatría	Como a sacramento tal
	no alcanza la vista mía. 1525
Madián	¿Luego hasme engañado?
[Amenazándola.]	
Amalec	No
	la maltraten tus desvelos,
	u defenderéla yo.
Madián	No añadas, Amalec, celos
	al furor que ocasionó 1530
	mi cólera.
Amalec	Cómo entiendas,
	no sé el que ciego pretendas
	enojándola celalla.
Madián	Porque quiero yo enojalla
	y no que tú la defiendas. 1535

(Pónese en medio la Idolatría representando con las acciones el detenerlos, mientras salen Gedeón, Joás, Fará y los cuatro Soldados, con hachas encendidas dentro de unos cántaros.)

Gedeón
Vuestros contrarios tenéis
en vuestras manos; llegad
y a una voz que escucharéis,
todos los barros quebrad
en que las luces traéis.   1540

Amalec
Pues yo la he de defender
si la quieres ofender.

Madián
No hagas que en ira deshecho,
reviente un volcán mi pecho
que hasta aquí pudo esconder.   1545

Amalec
No hagas que el que el mío encierra
abrase toda esta tierra.

Madián
¿Tú?

Amalec
Sí.

Gedeón
¡Agora es ocasión!

Madián
¿Cómo?

Amalec
¡Así!

Idolatría
¡Qué confusión!

(Quiebran los cántaros, descubren las luces y embisten. Con ellos, y a un tiempo, cajas y trompetas.)

Todos	¡Arma, arma, guerra, guerra!	1550
Idolatría	¿Quién causa esta novedad, que de armas y luces veo?	
Amalec	Tuya ha sido la crueldad.	
Madián	Tuyo es el traidor deseo.	

(Embístense los dos.)

Gedeón	A ninguno perdonad.	1555
Fará	¿Qué es perdonar? La ocasión nuevo esfuerzo me previene.	
Todos	¡Traición, traición!	
Idolatría	No es traición.	
Los dos	¿Qué es?	
Idolatría	Que sobre todos viene la espada de Gedeón.	1560

(Dase la batalla, entrando y saliendo, peleando.)

Amalec	¡Al paso saldrá mi acero!
Madián	¡Detendré su esfuerzo altivo!

Idolatría	¡Tarde ya el remedio espero!	
Amalec	¡Ay de mí!, ¡rabiando vivo!	
Madián	¡Ay de mí!, ¡rabiando muero!	1565
Gedeón	¡Mueran todos!	

Joás   Ellos se hacen
la guerra.

Fará   Rotos los dos
campos a sus manos yacen.

Gedeón Los enemigos de Dios,
ellos mismos se deshacen,   1570
siendo los cielos testigos,
pues pan y espada nos dan,
y con sangrientos castigos,
quien se armare de aquel pan
vencerá a sus enemigos.   1575
No perdamos la ocasión
que hoy el cielo nos previene.

(Dentro.)

Todos ¡Traición, traición!

Gedeón   ¡No es traición,
sino que en vosotros viene
la espada de Gedeón!   1580

(Éntranse riñendo y queda Idolatría.)

Idolatría	Ya que con tan nuevo horror
	de luces y armas se ven
	puestos en fuga los campos
	de Madián y Amalec,
	y uno de otro recatados

1585

	se hieren, llegando a ver
	que el rencor que yo introduje
	en ellos contra mí es,
	de sus cubiertas antorchas
	he de valerme también

1590

pues con aquesta que acaso

(Levanta una hacha que se ha caído en el suelo.)

aquí se cayó, ha de arder
toda la campaña, siendo
la primera aquesta mies.

(Sale la Mies, con espada.)

Mies   Eso no, que esta mies tú   1595
              no la puedes ofender,
              que no hay grano en sus espigas
              en que un Mmsterio no esté,
              desde el primer sacrificio
              del pan de Melquisedec,   1600
              hasta aquel de Gedeón
              que ardió con carne después.

Idolatría   Pues abrasaré este monte.

(Sale el Monte.)

Monte   Tampoco llegues a él,

	que si hubo un árbol de muerte	1605
	en el primero vergel,	
	otro árbol aquí hay de vida	
	que viste abrasar también	
	por leña del sacrificio	
	del caudillo de Israel.	1610
Idolatría	Pues los ganados y hojas	
	de este prado abrasaré.	

(Sale el Prado.)

Prado	No abrasarás, que un cordero	
	en sus rebaños se ve,	
	a quien tú no has de tocar,	1615
	que es sacrificada res.	

Idolatría	Otra vez a la primera	
	duda he vuelto y otra vez	
	el Fuego, Mies, Monte y Prado	
	me hacen dudar y temer;	1620
	Fuego, este que oculto trujo	
	Gedeón para vencer;	
	Mies, aquesta que me dice	
	que su pan misterio es;	
	Monte, el que un árbol previene	1625
	que vida a la muerte dé;	
	Prado, el que un cordero guarda	
	para sacrificio; quién	
	dirá qué es esto...	

Todos	La Aurora,	
	que ya empieza amanecer	1630
	según las aves lo cantan	

diciendo segunda vez:

(Suenan pájaros.)

Música   Ven, hermosa blanca Aurora,
       ven, divina Aurora, ven,
       a fecundarnos a todos,   1635
       pues ya concibió la piel,
       porque se enmiende en la dicha de hoy
       la soledad, y la pena de ayer.

(Ábrense las cuatro nubes y llueven las tres que primero no llovían, y la otra no, donde ha de estar la Aurora con el Ángel arrodillado, como quedaron cuando se cerró.)

Aurora   Nubes, mieses, montes, prados,
       ya vuelvo yo a deshacer   1640
       de ayer las ansias, que hoy
       mi divino rosicler
       a todos ha de alcanzar
       sino solo a aquesta piel,
       porque ella sola no puede   1645
       concebir segunda vez.

(Dentro.)   ¡Victoria por Gedeón!

(Salen Todos.)

Gedeón   Claro está, pues vuelvo a ver
       la Aurora, entre hermosas nubes
       de púrpura y de clavel.   1650
       Bien visteis ayer que ella
       concibió, dejando ayer
       secos mies y monte y prado;

	pues hoy, pródiga del bien	
	común, reparte con todos	1655
	su nevada candidez,	
	en señal que a sus contrarios	
	he de acabar de vencer.	

Idolatría   Ya lo veo, mas no alcanzo
             qué misterio puede haber.   1660

Ángel   ¿Viéndome a mí arrodillado,
             fiera Idólatra, a los pies
             de la más hermosa Aurora,
             claro no se deja ver,
             que el rocío que concibe   1665
             este vellón una vez
             y no otra, repartiendo
             su albor al Mundo después,
             es la Encarnación, misterio
             que tú no has de comprehender   1670
             ni aun en las sombras?

Idolatría   Y de ella,
             ¿qué se le sigue a la Mies?

(Descúbrese en el segundo carro un cuadro de la Encarnación.)

Mies   Llenar las trojes de trigo
             en la casa de Belén,
             que es Casa de Pan, adonde   1675
             al encarnar el nacer
             ha de seguirse.

Idolatría   Y el Monte,
             ¿qué saca de eso?

(Descúbrese una Cruz en el tercer carro.)

Monte
                        Tener
            aquel árbol de la Cruz,
            que es en el que ha de vencer,   1680
            muriendo, a la muerte.

Idolatría
                        Y de eso,
            ¿qué se sigue al Prado?

(Descúbrese, en el cuarto carro, un cordero en un altar con un Cáliz y Hostia.)

Prado
                        Ver
            figurado en un cordero
            el sacrificio de Abel,
            en aquel cándido pan   1685
            que espada al contrario fue,
            en cuyas especies solo
            los accidentes se ven
            y no la substancia, puesto
            que ya carne y sangre es,   1690
            reduciendo de la nube
            el hermoso rosicler
            del fuego de amor, el trigo
            de la más fecunda mies;
            del monte, la mejor leña;   1695
            como del prado también
            el mejor cordero; viendo
            todo eso cifrado en él
            después que la luz cubierta
            venció Gedeón.

Idolatría	¿Por qué?	1700

Todos   Porque con la luz tapada
es como vence la Fe.

Idolatría   ¿La Fe tapada la luz?

Gedeón   Sí, pues ella a oscuras ve,
a oscuras vence y deshace   1705
sus enemigos.

Idolatría   Detén
la voz, que tantos misterios,
no penetra mi altivez
y aunque todos me dan tanta
guerra, solo he de saber   1710
qué misterio será éste,
que no he de alcanzar aquél.
¿Qué ve la vista allí?

Mies   Pan.

Idolatría   ¿Qué halla el gusto?

Monte   Pan también.

Idolatría   El oído en su fracción,   1715
¿qué oye?

Prado   Que solo pan es.

Idolatría   El tacto, ¿qué toca?

Joás   Pan.

Idolatría	¿Qué huele el olfato?
Fará	¿Qué?
	Paréceme a mí que pan.
Idolatría	Pues ¿por qué todos creéis 1720
	contra todos los sentidos,
	que es carne y sangre? ¿Por qué?
Todos	Porque con la luz tapada,
	es como vence la Fe.
Idolatría	¿Quién os lo dice?
Todos	Ella misma. 1725
Idolatría	¿Ella lo dice?
Gedeón	Sí, pues
	de cinco sentidos, cuatro
	dan al oído el laurel,
	creyendo lo que se oye,
	pero no lo que se ve; 1730
	conque dando fin al auto,
	diga el cántico otra vez...
Fará	Después de pedir perdón,
	humildes, a vuestros pies.
Música	¡Ven, hermosa blanca Aurora!, 1735
(Todos repiten.)	¡ven, divina Aurora, ven!,
	a fecundarnos a todos,
	pues ya concibió la piel,

porque se logre en la dicha de hoy,
la soledad y la pena de ayer.   1740

Fin

Libros a la carta

A la carta es un servicio especializado para
empresas,
librerías,
bibliotecas,
editoriales
y centros de enseñanza;
y permite confeccionar libros que, por su formato y concepción, sirven a los propósitos más específicos de estas instituciones.

Las empresas nos encargan ediciones personalizadas para marketing editorial o para regalos institucionales. Y los interesados solicitan, a título personal, ediciones antiguas, o no disponibles en el mercado; y las acompañan con notas y comentarios críticos.

Las ediciones tienen como apoyo un libro de estilo con todo tipo de referencias sobre los criterios de tratamiento tipográfico aplicados a nuestros libros que puede ser consultado en Linkgua-ediciones.com.

Linkgua edita por encargo diferentes versiones de una misma obra con distintos tratamientos ortotipográficos (actualizaciones de carácter divulgativo de un clásico, o versiones estrictamente fieles a la edición original de referencia).

Este servicio de ediciones a la carta le permitirá, si usted se dedica a la enseñanza, tener una forma de hacer pública su interpretación de un texto y, sobre una versión digitalizada «base», usted podrá introducir interpretaciones del texto fuente. Es un tópico que los profesores denuncien en clase los desmanes de una edición, o vayan comentando errores de interpretación de un texto y esta es una solución útil a esa necesidad del mundo académico.

Asimismo publicamos de manera sistemática, en un mismo catálogo, tesis doctorales y actas de congresos académicos, que son distribuidas a través de nuestra Web.

El servicio de «libros a la carta» funciona de dos formas.

1. Tenemos un fondo de libros digitalizados que usted puede personalizar en tiradas de al menos cinco ejemplares. Estas personalizaciones pueden ser de todo tipo: añadir notas de clase para uso de un grupo de estudiantes,

introducir logos corporativos para uso con fines de marketing empresarial, etc. etc.

2. Buscamos libros descatalogados de otras editoriales y los reeditamos en tiradas cortas a petición de un cliente.